"家校慧"丛书

郁琴芳 / 主编

百分爸妈
家有少儿正长成
（四年级）

褚红辉 沙秀宏 主编

上海社会科学院出版社
SHANGHAI ACADEMY OF SOCIAL SCIENCES PRESS

"家校慧"丛书

主　编　郁琴芳

《百分爸妈》家庭教育系列校本读物编委会

主　编：褚红辉　沙秀宏

编　委（排名不分先后）：

卢瑾文　徐雯瑶　胡晓敏

高世裔　张怡菁　何夏天

吴　萍　徐　智　叶水妹

刘双燕　张冬梅　王群英

韩佳微　徐　丹　徐程魏

俞军燕　陈　凤　朱　燕

金　晔

序

《百分爸妈》是奉贤区江海第一小学为了加强家长教育，引领家长学习而组织编撰的一套校本家庭教育指导读物。本套书共5册，依据小学生心理认知规律和学校的生源特点进行内容规划、模块划分和问题设计，易于家长和学生使用。书很薄，却很有价值。

这显然不是一套高深莫测的学术专著，而是一本本实实在在、朴实无华的家长读本。我读过很多家庭教育的专著论文，但大多由于理论术语的晦涩性和叙述方式的学术性而不适合家长朋友阅读。这套丛书的价值就在于并不追求高深的理论，甚至也没一般区域层面读本华丽的叙述框架，完全"接地气"，透着一股浓浓的"江海味"，旗帜鲜明地提出家长教育的目标是——"百分爸妈"：倡导家长不是要追求百分之百的完美，而是要通过五年的陪伴和学习，成长为合格家长。

这显然不是一套个人闭门造车的读本，而是一本本校长、教师、家长对话的成果集。孩子的健康、快乐成长是家校共育永恒的追求，但共育永远不是学校自编自演的独立剧本，亦不是校长和教师从学校实际出发，甚至是从学校便利角度出发的"独角戏"。家校共育需要沟通、互动，需要基于平等和信任的"对话"机制。在这套丛书的编写过程中，有许许多多家长的本色参与，不会因为各种客观原因就望而却步。学校的编写组也想尽一切办法与家长对话，从编写体例、叙述方式、表达字眼等方面虚心听取家长意见。必须要为这样上上下下的方式点赞，因为你们心中有彼此！

这显然不是一套会被束之高阁的成果集，而是一本本影响学校与家庭生活的记录册。市面上各式家长读本种类繁多，有的可能从出版之日开始就意味着使命的完成。江海一小的《百分爸妈》却如此别具一格，因为它具备校本化使用的特点。据校长介绍，《百分爸妈》出版后会让全校家长根据对应年级开展读本的常态化使用。我们知道，家庭教育指导的难点即在于，家长往往"听听很激动，回到家一动不动"。有了读本作为家、校的桥梁，作为家长学习和反思的载体，家庭教育和家庭教育指导应该就没有那么难了吧。

一般来说，图书的序仅是必要的装饰物，可有可无，读者甚少。不过，如果您是江海一小的家长朋友，而您也认真读过这篇短短的序言，我一定要给您满满的点赞：谢谢您愿意学习，谢谢您坚持改变。你们果然都是我心目中的"百分爸妈"，加油！

上海市教科院家庭教育研究与指导中心

郁琴芳

·江海第一小学好家长标准十二条·

1. 放下手机,带孩子多参加运动,多看看外面的世界。
2. 耐心倾听孩子的话,听清楚了再作判断。
3. 多鼓励孩子,接受孩子的不完美。
4. 不偏心,给每个孩子同样的爱。
5. 学习不是孩子的"专利",要和孩子一起学习,共同进步。
6. 善于发现孩子的闪光点,不与别人家的孩子作比较。
7. 答应孩子的事,要说到做到。
8. 不随意打骂孩子,教育孩子要讲道理,摆事实。
9. 辅导孩子功课心态平和,不抱怨、不发火,好好说话。
10. 陪孩子积极参加学校活动。
11. 不在孩子面前吵架,为孩子创造温馨的家庭氛围。
12. 孝敬祖辈,和睦邻里,做孩子的表率。

·江海第一小学好孩子标准十二条·

1. 讲文明、懂礼貌、不说粗话。
2. 爱清洁、讲卫生、衣着整洁。
3. 上课认真听讲,每天自觉、独立完成作业。
4. 凡事不拖拖拉拉,今日事,今日毕。
5. 自觉阅读课外书籍,不用督促。
6. 不依赖父母,自己做力所能及的家务小事。

7. 积极加强体育锻炼,劳逸结合。

8. 按时吃饭,不挑食、不浪费,少吃零食饮料。

9. 理解父母,不和父母吵架,多和父母沟通。

10. 孝亲敬老,爱护幼小,大人的事帮着做。

11. 适当学习课外兴趣,培养自己一技之长。

12. 不沉迷电子游戏,绿色上网。

目 录

第一单元　导入篇 / 001

身心秘密 / 003

江小少年 / 008

百分爸妈 / 010

第二单元　问题篇 / 019

第一节　学习与生活 / 021

孩子做事太粗心马虎 / 021

孩子跟不上学习进度 / 026

孩子饮食安排不健康 / 030

第二节　自我与品德 / 036

孩子总是很爱慕虚荣 / 036

孩子走不出失败阴影 / 042

孩子犯了错不敢承认 / 047

第三节　沟通与交往 / 051

孩子被冷落变得孤僻 / 051

孩子被伤害变得叛逆 / 057

孩子不愿和家长沟通 / 063

第三单元　提高篇 / 069

用合适的方法进行教育 / 071

培养孩子独立自理能力 / 075

教会孩子先做人后做事 / 078

扮演教育中需要的角色 / 081

在沟通中了解孩子的心 / 084

家长必读 / 088

第一单元

导入篇

【单元导言】

在孩子的成长中，时间总是过得很快。三年级一晃而过，四年级已经到来。随着升入四年级，孩子成长了不少，在各个方面也和从前有所不同。本单元中，我们将从四年级孩子的身心秘密、学校对孩子的成长目标以及家长该如何引导孩子这3个方面进行分析和解读，为四年级家长们提供一些参考意见，更好地引导孩子成长。

身心秘密

一转眼,三年级的时光很快就过去了,孩子马上就要上四年级了。这一年中,孩子学会了许多,也进一步成长了。但是长大一岁之后,孩子的身心和思维都有了一些变化,家长们也要及时了解孩子的变化,陪伴孩子成长。

一、心理特点

1. 孩子之间的差异变大

四年级这个年龄阶段的学生是非常难以引导的,有些专家认为在学习期间的十多年里,四年级学生的个性差别最大。一方面,身体发育表现出明显的高矮、胖瘦差别,发育快的已接近中学生的指标,发育最慢的还像一二年级的小孩子;另一方面,心理方面也是如此,由于家庭环境和其他条件的差异,孩子对事物的体验差距很大。心理发育较快的孩子,小时候看不懂、听不明白的一些事情,现在很快就可以搞明白,视野开阔、知识增长速度明显加快,去的地方多、见识多的孩子甚至表现出老成的样子；而条件不好，每天仅限于家庭、学校活动的孩子则显得孤陋寡闻。

四年级学生在读书方面表现出自主意识增强的特点。他们不只是寻找热闹的漫画或故事书，而且能根据自己的需要选择书籍，对理科感兴趣的孩子开始注意自然科学方面的科普类读物。有些孩子甚至已经开始阅读一些比较艰涩的书籍。由此，个人知识面也迅速拉开差距。无论是学习科目还是游戏项目，这时候孩子表现出来的爱好还不稳定，这说明四年级学生总体上没有达到成年人所具有的稳定的自主能力。

2. 开始意识到"自己"

四年级学生可以进行比较复杂的分析，分析问题时开始确立"自己"的位置。在反复比较、衡量的过程中开始认识自己的行为与他人行为的关系，并把"自己"作为一个独立的人，等同于他人。这个"自己"常常站在主观愿望的对立面，在处理事物时，能够说服自己，调整自己的立场和看法。

日常生活之外，文具的准备、与他人的交往、整理内务等，四年级已经可以完全独立完成了。过去孩子由家长打扮，现在则愿意自己打扮；过去买东西要跟随妈妈一起去，现在则自己独自去，或者和同学一起去，不受大人意见的左右。三年级以前，孩子在外面见到什么事或者自己做了什么事回家都要和大人讲，但到了四年级，一部分学生不愿意把在外面发生的事讲述给家长，有时自己经历的事也不告诉家长，显示出独立的个性。

3. 言行不一致

孩子开始产生说的和做的不一致的问题，十分令人头疼。比如，让孩子在家看门，他表面答应很好，等大人走了，他可能把门锁上去商店买吃的去了；家长让他去买洗衣粉，他可能买比较便宜的一种，而把剩下的钱买一点自己喜欢的东西，回来后隐瞒实情。

三年级的孩子不太会寻找理由自我掩盖，在遇到理亏的时候沉默不语，四年级的孩子已经学会了寻找对自己有利的理由替自己辩护。与小时候直来直去的表达方式相比，四年级学生知道选择语言，表达不同的意思，有时还会隐瞒真实的情况。这是小时候孩子说假话时没有及时纠正所带来的恶果。

这个年龄段是培养和塑造性格的重要时期，自觉地控制和改变一些不良习惯，选择一些正当有意义的行为方式是家长、老师和同学本身都应该争取的目标。

二、学习情况变化

1. 学习态度变化

四年级，孩子学习更需要拿出真本事。三年级之前，有的孩子比较聪明，不太认真学习也能取得比较好的成绩，然而到了四年级就没有那么简单了，稍有马虎，学习成绩就有可能落下来。当然，落后一段时间可以再追赶上去，但那要花费更多的精力。这个学年的成绩将会影响五年级的学习，甚至进一步影响到中学的成绩。

是否应该努力，怎样下功夫去学习，四年级的学生都明白这些道理，但有的孩子就是做不到努力学习，这是多方面原因造成的。

2. 学习内容变化

四年级的课程增加了，老师也开始像对待"大人"一样要求学生学习，许多事情都要靠自己的努力去解决。

课程似乎一下子变得难了，数学中的四则运算，应用题的分析、理解等，与实际生活联系更多了；语文教学中开始注重记忆与阅读的结合，要求学生掌握较多的阅读知识。

孩子的作业量也继续加大，平时的疲劳紧紧束缚着少年儿童活泼的天性。

三、成长习惯变化

1. 容易受伤

四年级学生活泼好动，身体发育很快，灵活性和协调性不够稳定，所以，皮肉受伤的事经常发生。

根据统计，在学校实行对孩子安全指导教育之前，各种伤害发生率随年级升高上升明显；实行安全指导教育以后，其他年级组下降明显，而四年级和五年级组下降不明显。这说明四年级、五年级组受伤最难控制。

要解决这个问题，家庭、学校、社会媒体要注意宣传安全防范，让孩子学会保护自己。此外，对孩子的被动保护不能过分，要让孩子增加活动机会，学会运动中的保护技巧。

2. 开始打扮自己

四年级学生自己有选择和分析对比的经验，他们开始注意自己的外观衣着形象设计，这是走向成熟的标志之一。家长和教师应该注意引导，让他们学会正确打扮自己。

首先，孩子穿衣服要干净、整洁。

其次，孩子要选择适合自己体型和肤色的衣服颜色，以自己喜欢的样式为主，不必过于追求特殊的风格。

最后，服饰和行为礼仪是一个整体，仅靠好的服饰无法证明一个人的个性，必须在平时的学习和家庭生活中养成良好的生活作风，懂得一般社会礼仪。

江小少年

从三年级升入四年级,孩子身上被学校寄予了更多的期望。学校希望每一个江海一小的学生都能成长为一个优秀的人,对不同年级的学生提出了成长目标。一起来看看学校对四年级孩子的期望吧!

四年级学生成长目标	
目标	内容
热爱祖国,热爱家乡	1. 关心国家大事,能收听、收看新闻、看报纸; 2. 知道1~2位对家乡或祖国做出杰出贡献或产生重大影响的人物事迹; 3. 了解1~2项家乡的风土人情或文化特色
热爱学习、勤奋好问,养成良好学习习惯	1. 上课思想集中善于动脑,积极举手回答问题,能主动提问,初步具有探究精神; 2. 每天能阅读有益的课外书籍,并有摘抄积累的好习惯,拓展知识面; 3. 能发现生活和学习中的问题,主动寻求答案
学会关爱、帮助他人,在爱心中快乐成长	1. 与一年级的一位学生结对,帮助他解决学习生活中的问题; 2. 积极参加假日小队活动,为社区、身边人送去温暖; 3. 积极参加各类公益活动

(续表)

四年级学生成长目标	
目标	内容
学会自己的事情自己做，学会的事情天天做	1. 能做到整理自己的卧室，并能主动每天做1～2件家务活； 2. 能积极参加各类劳动； 3. 尊重别人的劳动成果
文明守纪，养成良好行为规范，促进全面发展	1. 规范遵守学校规章制度，能起表率作用； 2. 食堂用餐，文明有序，实践"光盘行动"； 3. 放学后及时回家，不在校园或校外逗留
做到"人人有岗位，个个是主人"	1. 尽自己的能力在班级小岗位中为集体、为他人服务； 2. 有集体荣誉感，学会分工合作； 3. 分享为集体为他人服务的快乐
有健康的体魄，健康的心理	1. 热爱运动，有运动技能； 2. 乐观开朗，主动与老师、同学、家人说说自己的心理话； 3. 做事有始有终，敢于面对困难和承认自己的错误
学会保护自己，平安快乐	1. 了解运动基本方法，确保运动安全； 2. 自觉远离网吧、健康上网、文明上网、安全上网； 3. 了解外出安全常识，有一定的自我防范能力
热爱撕纸艺术，学会动手操作，具有想象力和创造力。	1. 能徒手操作撕出简单文字与任务的组合图形； 2. 能够进行简单的主题创造
喜欢诵读经典诗文，感受阅读的乐趣，在诵读中学会做人、获取知识	1. 有好词好句摘录本，会按照老师的要求摘录好词好句，加以积累； 2. 积极参加学校的"书香校园"活动

百分爸妈

长大了一岁,孩子已经是四年级的小学生了。在过去的一年里,在孩子和家长的共同努力下,孩子成长为了优秀的三年级学生。到了四年级,孩子也想继续成为让父母、老师自豪的江海学子。家长不仅要为孩子感到骄傲,支持孩子,更要根据这个年龄阶段孩子的身心秘密和学校对孩子的成长目标,对孩子进行适当的引导,为孩子制定成长计划。一起来看看该怎么做吧!

一、学习引导

为了孩子以后上中学、大学以至工作时储备深厚的底蕴,在三四年级这个重要的阶段,家长要努力帮孩子扩大知识背景。知识背景的内容是非常广泛的,像文学知识、生活常识、风土人情、自然科学、人际交往、各项才艺技艺等,都可以让孩子去涉猎。在此过程中,孩子会慢慢把兴趣集中到某几项,说不定这就是他将来的职业方向。

1. 让孩子养成读书的好习惯

家长可以根据孩子的兴趣爱好、性格特征、理解能力等,选择适合他阅读的读物。比如，如果孩子正在学习乐器，就可以给他选择一些关于音乐家成长的故事，让他了解音乐家成名之前的艰辛路程。当他在学习中遇到困难，觉得辛苦时，就会想起这些前辈所走过的路正是他现在所走的，他就能够坚持下来了。

　　读书最好能逐渐成为孩子的习惯，成为他生活中不可或缺的一部分、一种需要、一种享受。所以，在开始的时候，我们可以让孩子在一些固定的时间去读书，比如睡觉前的半个小时。这时，家长最好也关掉电视机，拿着一本书去阅读，把这个时间段当成全家的读书时间。当每个人都手捧着一本书津津有味地阅读时，这种和谐、温馨的气氛是能够感染孩子的。当孩子已经习惯了阅读时，还可以鼓励他利用一些零散的时间去阅读，让他不论走到哪里都随身携带一本书，有时间就拿出来读一会儿，渐渐地孩子就会发现这种在零散时间里的阅读量也是非常惊人的。

　　由于每个人的阅读速度不同、理解能力不同、兴趣点不同，所以在开始的时候要告诉孩子，对于容易理解的内容要快速读，对于难以理解的内容要慢些读。一边思考一边读，一边想象一边读，有时还需要反复读几遍，还可以用笔把自己喜欢的词语、句子画下来，在一些重要的句子、段落旁边写出自己的体会、疑问、建议等。坚持下来，孩子的收获就会很丰厚了。

　　2. 参观游览，增加阅历

　　孩子们都喜欢出去玩，这是天性使然，经常带孩子参观游览，对于孩子增长见识、增强阅历、扩大知识背景是很有好处的。参观博物馆可以使孩子了解古今中外的很多知识，大开眼界；参观美术馆可以使孩子在艺术的殿堂里得到熏陶，得到美的享受；参观名人故居可以使孩子和名人的距离一下子拉近，从而得到启示；游览名山大川可以使孩子看到与众不同的地势地貌，了解到特有的风土人情，感受自然的伟大、万物的神奇。

3. 观看科技类、文学类、艺术类等节目

现在有很多科技类、文学类、艺术类的电视节目，也有许多精彩的演出活动，涉及的知识面广博，多让孩子看一看，参与其中，对孩子增长见闻有很大的好处。家长还可以和孩子一起收看电视中播出的知识问答类的节目，全家人一起参与其中抢答，看谁答得对，答得快。这样不仅能扩大孩子的知识面，还可以让全家人一起享受其乐融融的气氛。

二、人际引导

到了三四年级，孩子们交往面开始扩展了，只要他们认为合得来的伙伴，都愿意作为交往的对象。此时孩子的人际交往能力就显得越发重要了。家长要注意观察孩子的人际交往能力，如果发现孩子在这方面遇到了困难，要想办法帮助孩子解决。

1. 用角色扮演法引导胆怯的孩子

对于比较胆怯的孩子，家长可以采取角色扮演法，由家长给孩子树立一个学习的榜样，让孩子去模仿，并进行有指导的训练，使他逐渐走向自信。

一个比较胆怯的孩子要想轻易地加入一个游戏团体是有实际困难的,他要逐渐克服自己的心理障碍,这需要一个过程。在这个过程中,家长不能急躁,不要硬推孩子,或者逼着孩子去和某人说话,这都会增加孩子的恐惧心理。

家长可以经常带孩子去串门,带孩子到小区里散步,然后和带孩子的家长聊天,给孩子一个和陌生伙伴交往的机会。还可以在外出的时候多让孩子去买票、点菜等。当孩子获得了一次成功的时候,他的自信心就会建立起来一些,他就会希望获得第二次锻炼的机会。一次次的成功就会使孩子的自信心逐渐加强,慢慢地孩子的人际交往能力就发展起来了。

2. 让孩子看清自己的形象

现在家里生活条件好了,独生子女又居多,所以,父母平常在与孩子相处的时候会有意无意地迁就孩子。久而久之,有些孩子也就养成了自私自利、只能占便宜不能吃亏、不考虑别人感受的思维方式。在家里,家长可以让着孩子,但是孩子一旦走入学校,走入社会,谁又会让着他呢?有些孩子在和别人交往时经常挑别人毛病,导致很多同学都不愿意和他玩,孩子反而还觉得很委屈。

此时,家长头脑要清醒,这不是别人的错,是自己的孩子出现了偏差。所以,家长要改变以往的教育模式。可以在生活中在孩子没有察觉的情况下,把自己换成孩子平时的角色,处处挑孩子的毛病,事事自己占便宜。当孩子表现出生气的时候,再平心静气地和他一起讨论这样做为什么会令人反感,让孩子从父母的表现和讨论中看到生活中的自己,从而改变自己的处事方式。

3. 教爱发脾气的孩子学会冷静

四年级的孩子正是精力旺盛、好说好动的时候,有些孩子在和同学的交往中,稍有不顺心就爱发脾气,有的表现为骂人、打人,有的表现为摔东西。长此以往,就很少有同学愿意和他做朋友了,孩子越孤独,脾气就越暴躁,与同学发生摩擦的事情也就越多。

面对这样的孩子,家长首先要积极地关注孩子,经常善意地望着他,和他谈话。在有监管的情形下,组织一些小伙伴和他一起玩耍,减少他消极寻求他人注意力的行为。

有些孩子之所以经常以暴力来对待同学,是因为他不知道还有什么手段可以表明自己的态度或者解决问题。所以,家长要告诉孩子一些不需要暴力就能表明自己态度或者解决问题的方法。比如,当同学的语言、举动使他生气时,他可以采取离开的方式,脱离这个让他不舒服的环境。

家长是孩子的第一任老师,也是孩子模仿最多的对象,所以家长的言谈举止对孩子的影响是最大的。家庭成员之间要保持和睦相处的关系,努力创造温馨、文明的家庭氛围,这样孩子才能够受到良好人际关系的熏陶。同时,家长也不要让孩子看有关暴力的电视和书籍。

三、亲子关系

三四年级的孩子,不再那么迷信老师和家长了,已经开始有了自己的主见。所以家长经常会发现孩子开始顶嘴了。孩子顶嘴时,家长千万不要生气,这说明孩子开始有自己的思维了。此时,家长要调整自己的教育方式,减少亲子矛盾,使孩子顺利成长。

1. 外松内紧来管理

四年级的孩子要求有更多的自由空间,对家长、老师的约束开始感到不满,胆子大一点儿的孩子开始向权威挑战,此时家长、老师可以采取外松内紧的方式管理孩子。

比如,有的孩子特别喜欢看电视,放学之后趁家长还没回来就一直看电视,等听到家长的脚步声或者开门声,再迅速把电视关掉。有的家长会摸电视机,根据其是否还是热的来判断孩子放学后是否看了电视。这类方法不但会引起孩子的反感,而且会增强孩子的"反侦察"能力,给家长的教育带来很大的困难。

其实,我们可以完全不去关注电视机,而是轻描淡写地问问孩子作业写了没有,孩子如果说写了,你可以要求看一看;孩子如果说还没写,你可以让他现在开始写。孩子先看了电视,再去写作业,完成作业的时间就会比较晚了。当他写完作业时你可以说,本来打算等他写完作业让他看一张他盼望已久的动画光盘的,但是现在很晚了,只好取消活动了,明天如果作业能写得快一些,再看不迟。这时孩子就会后悔自己为什么不放学后抓紧时间写作业,第二天,他就可能不看电视而先写作业了。孩子能够做到先写作业了,就可以在孩子写完作业之后安排一些别的游戏活动,让他放松身心。

通过这种方式,我们同样达到了让孩子放学之后先写作业的目的，但是孩子却感觉不到家长在管理他，而是觉得这么做是他自己选择的，这种做法会让他很开心——这就是外松内紧。

总之，我们要采取快乐的方式引导孩子，这样他们才能乐于接受，亲子关系也才能得到加强。

2. 创造自由的言论空间

四年级的孩子已经开始有了自己的想法，也开始喜欢评论班里的人和事情，所以当孩子回家后和家长说起学校事情的时候，家长要认真倾听，哪怕孩子的观点是错误的，认识是片面的，家长也不要任意打断，不要急于批评指正，可以在耐心倾听的基础上，参与讨论。

家长可以把自己的观点说出来，但是不强加给孩子，让他自己评判，让孩子感受到大家都是平等的。当家长从另一个角度去分析同一件事情的时候，孩子就会获得新的收益，他的思路就会打开，以后再遇到此类事情，他的思考就会更加全面、客观，而且他也会更乐意和家长讨论学校里的人和事了。这样做，既可以使家长了解孩子在学校里的情况，又增强了亲子关系。

3. 用契约减少摩擦

四年级的孩子由于有了自己的主见，对于大人的命令便开始有了抵触情绪，因此，家长就要减少对孩子的命令，可以逐渐向签订契约过渡。签订契约是一种非常简便有效的方法，在成人社会也是很常见的。在孩子小的时候这么做，是为了培养孩子的自觉性，减少家长和孩子之间的矛盾。

单元小结

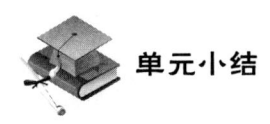

本单元中，我们通过3个部分来帮助家长了解孩子进入三年级后的情况。四年级孩子正处于难以引导的年龄阶段，开始产生独立的自我意识。学校根据四年级的孩子的特点，对他们提出了成长目标。基于这些特点和目标，家长们要用合适的方法引导孩子，帮助孩子扩大知识背景，培养孩子人际交往的能力，并调整和孩子之间的亲子关系。

第二单元

问题篇

【单元导言】

在上个单元中,我们从 3 个方面了解了孩子升入四年级需要面对与接受的东西。然而在成长过程中,孩子身上会出现各种各样的问题,让家长们头痛不已,却不得不重视。在本单元中,我们将会从一些具体问题入手,帮助家长更好地引导孩子,让每一个孩子都能健康成长。

第一节 学习与生活

孩子做事太粗心马虎

·**教育小剧场**

课堂上,同学们都在认真地听老师讲课,小芳的心却早已飞到昨晚的电视剧里;写作业时,小芳也经常边写边玩。于是,在小芳的作业本上出现了很多不应该的错误:明明会做的题答错了,不该看错的题看错了,不该写错的字写错了……为此小芳没少挨老师、家长的批评。有时小芳也在心里自己提醒自己,做事情认真些,千万别再马虎了!可到时候,不该错的还是错。

·**智慧解码**

像小芳这样的孩子并不少见,似乎马虎如影随形地跟着每一个孩子,家长、老师、包括孩子自己都用了很多办法也不能够赶走它,这让他们每个人都很苦恼。仔细分析后,我们发现,造成孩子丢三落四的马虎现象的原因有很多,有的是缺乏良好的学习习惯造成的,有的是注意力不集中造成的，有的是孩子患有不同程度的视觉障碍造成的……

·教育三分钟

针对孩子粗心马虎的情况，家长可以参考下面这些方法，对孩子的问题"对症下药"。

1. 教孩子稳住心态

很多孩子做事着急，恨不得马上做完。他们有的是希望自己不但赶快做完，并且要做得很好。这种马虎，家长稍一提醒，孩子很快就会改正，家长再教孩子一些如何又快又好做事的方法，孩子就会逐渐减少急躁情绪，变得更加自如。

还有一些孩子，是希望急于摆脱眼前的事情，于是马马虎虎、敷衍了事。这时，家长要注意了解孩子心里想的事情是什么，是不是可以先做。家长选择约束孩子的行为，孩子心里必定有反抗情绪。为了不让家长和孩子发生矛盾，只要孩子不是成心马虎，就不要要求过于严格，找机会纠正孩子的马虎就可以了。

一些孩子心情急切，但事情并不在眼前，可能是第二天的春游，或者是等待一个结果，他们心里就无法平静，做事情马马虎虎、丢三落四。面对这样的情况，家长要教孩子一些安稳情绪的方法，比如：多做几次深呼吸；心里默念若干遍"静下心来"；给自己一些语言上的提示："好了，今天要做今天的事情，好不好？"这样坚持下去，孩子慢慢就会学会自己抚平急躁的情绪，把精力集中在要做的事情上，马虎自然也就减少了。

2. 培养良好习惯

有些孩子的马虎问题是由不良的学习习惯造成的，比如一边写作业一边看电视或听音乐，认为这样能够调节情绪，其实这样做对多数孩子是有害的。因为学习活动毕竟不是简单的体力劳动，而是一种复杂的脑力劳动，这些活动对学习都会造成干扰。当然，也有些孩子听音乐反而能集中注意力，家长需要根据孩子的具体情况用事实来验证。

家长平时要注意培养孩子认真细致的好习惯，要随时提醒孩子认真对待每一件事，包括认真写每一个字、认真做每一道题，养成一丝不苟的学风，同时家长还应注意培养孩子掌握良好的学习方法，比如辨认字形的方法以及检查作业的方法等。好习惯与好方法同时运用在学习上，效果会更好。

培养孩子自检的能力和习惯也是避免丢三落四的好方法。家长要求孩子每天做完作业，都要进行自我检查，通过自检，发现作业中的问题和漏洞。考试之前，提醒孩子做完试卷之后要认真检查，不放过每一个错误细节。有的家长给孩子订了一本"错题集"，让孩子将平时作业中的错误抄在"错题集"中，订正并分析原因，收到了良好的学习效果。

3. 创造适宜的学习环境

有时候孩子学习马虎，并不仅仅是他们本身的原因，而是家长没有注意给孩子创造一个适宜的学习环境。孩子写作业的时候，家长在一边看电视、聊天，甚至打牌，吵吵嚷嚷，在这样嘈杂的环境中孩子是很难安心学习的，也容易出现马虎的问题。

创造一个整洁有序的环境，家长在家庭中注意保持整洁的环境，做事情有规律，有条不紊，孩子也会学习家长的样子将物品排放整齐，做事准确，这种日常中潜移默化的影响会有助于孩子提高在学习上的注意力。

4. 训练孩子的注意力

在家里，家长可以经常让孩子观察图画，做"找不同"的游戏，有意识地让他对比两幅容易混淆的图画，找出细微差别，或是让他快速找出画中隐藏的一些内容。家长还可以和孩子一起读书，读书的时候孩子如果漏字、串行，家长可以及时纠正，耐心提醒，让孩子逐步习惯将视线落在每一个字上，不跳过去。

同时，家长也可以在生活中给孩子做一些训练，比如：让孩子自己练习缝扣子、穿珠子；做饭时让孩子来捡大米中的小石子，淘米的时候不让米粒跑掉等。这些都是练习手眼配合、提高视觉分辨能力的好方法。

· 家长自画像

面对孩子粗心马虎的问题，各位家长们都是怎么处理的呢？请讲述一下自己的方法，并请根据案例与分析，对自己的教育方法进行评价和反思。

1. 教育评价（请为自己的表现打星，最满意请涂满五颗星）

我对孩子的了解 ☆☆☆☆☆

我与孩子的交流 ☆☆☆☆☆

问题的处理效果 ☆☆☆☆☆

家长自我总评分 ☆☆☆☆☆

2. 教育反思

_____

_____

_____

· 亲子总动员

经典诵读

江海一小有着"经典诵读，诗文育人"的特色文化。请家长陪着孩子一起，诵读经典诗文，采用诵演结合的方式，让经典诗文入情、入景，借此来训练孩子集中注意力，让孩子沉浸在千古美文之中。

· 成长格言

细节决定成败。

孩子跟不上学习进度

·教育小剧场

小阳今年上四年级，可他却已经上了6年学了。因为爸爸妈妈的工作不停地从一个城市调动到另一个城市，小阳只好跟着妈妈爸爸迁移。在换学校的过程中，教材不一样、教学进度不一样、老师教的方法不一样、口音不一样，小阳跟不上，只好留级。

·智慧解码

现在人口流动大，很多孩子跟着父母"转战南北"，孩子频繁地换学校，也频繁地换老师，往往跟不上学习进度。很多家长出于无奈，只能选择让孩子留级；然而，留级对孩子的影响不只是学习进度方面，还有对孩子心理的伤害，如没有安全感、怕受歧视等心理问题。

·教育三分钟

搬家是很难控制的外部因素，但家长可以从孩子自身着手，减少对孩子学习的影响。

1. 提高孩子的自学能力

家长要有意识也让孩子读自己的课本，尤其是没有学过的，看看孩子可以理解多少，是不是自己可以学会。这样做的好处是提高了孩子的学习能力，不用过分依赖老师，增强了孩子的自信心。

看课本的新旧程度也可以看出孩子的学习状况。有一个现象，一般成绩好的孩子，课本都会翻得很旧，而学习不好的孩子，往往到期末课本依然很新。特别是随着年级升高，孩子有认真读课本的能力，学习就会有主动性，成绩就会较好。

孩子成人后，很多在学校里学到的课本知识，在工作岗位上并不一定适用，面对新的领域、新的任务，也必须要保持在工作中学习，需要有自学能力。所以，不管从近期还是长期看，自学能力的培养都是很重要的。

2. 研究新老师的教学方法

家长可以和孩子一起研究新老师与原来的老师教学方法的不同之处，让孩子大胆地去向新老师说出自己哪里不明白，把原来的老师都讲了什么、怎么讲的，都告诉新老师，帮助新老师调整，帮老师适应学生。孩子努力适应新老师，学习的阻碍就会减少很多。

如果别的学生和老师之间的沟通、交流没有问题，自己的孩子却迟迟不能适应，那么家长应该引起注意，可以和孩子交流下，看看孩子是不是有知识漏洞，是不是老师说话的口音孩子不能理解，是不是老师的语速快孩子不适应。家长要主动和老师联系，向老师求助，让老师上课的时候提问孩子，或者照顾一下孩子的特点。小学生的可塑性比较强，他们很多时候是愿意调整自己的，只要找对方法，让他们对老师感兴趣，他们就会积极地去适应老师。

3. 消除孩子问问题的恐惧心理

见到陌生的面孔，或者进入新的环境，一些人总会对身边的人有疑问，不敢接近，不敢说话。孩子在这种情况下更难和老师很快打成一片，有问题的时候不敢去问老师，再加上过去的经验告诉他们，不是每个老师都有耐心的，对问问题就更有恐惧心理。

家长要开导孩子，让孩子明白老师也会有自己的情绪，不要在意。另外，如果经常去问问题，老师会因孩子的认真而感动，愿意孩子来问问题。

·家长自画像

面对孩子学习跟不上的问题，各位家长们都是怎么处理的呢？请讲述一下自己的方法，并请根据案例与分析，对自己的教育方法进行评价和反思。

1. 教育评价（请为自己的表现打星，最满意请涂满五颗星）

我对孩子的了解 ☆☆☆☆☆

我与孩子的交流 ☆☆☆☆☆

问题的处理效果 ☆☆☆☆☆

家长自我总评分 ☆☆☆☆☆

2. 教育反思

_____

_____

_____

第二单元　问题篇

·亲子总动员

读书计划

阅读不仅可以拓宽孩子的知识面，还可以提升孩子的自我学习能力。下面是部分适合中小学孩子的课外读物，请你选择一些为孩子购买，让孩子在阅读中提升学习能力。

故事类：《安徒生童话》《格林童话》《快乐王子》《中国古代神话》《中国古代寓言故事》《希腊古典神话》《中国民间故事》《爱丽丝漫游奇境》《世界伟人故事》《中国节日故事》《中华成语故事》……

小说类：《西游记》《封神演义》《聊斋》《济公传》《神秘花园》《三国演义》《红楼梦》《福尔摩斯探案集》《三毛流浪记》《窗边的小豆豆》《钢铁是怎样炼成的》《雷锋的故事》《岳飞传》……

·成长格言

只要愿意学习，就一定能够学会。

——（苏联）列宁

孩子饮食安排不健康

· 教育小剧场

小胖今年10岁,是小学四年级的学生,其他成绩都比较优秀,可是从未被评为"三好学生",原因是小胖的体育成绩从来都不及格。小胖的父亲经商,母亲是全职太太,因中年得子,于是一家人特别疼爱小胖。还没断奶,妈妈就开始把蔬菜和肉剁碎了,和米饭一起煮成柔软的粥一口一口地喂。因为妈妈认为孩子营养好了才会很聪明,才能处处显得和别的孩子不一样。因此,除了每天鸡鸭鱼肉,还有许多其他的营养品。小胖因此也胃口特别好,经常吃完饭不久后又吃巧克力等零食,还特别喜欢喝各种饮料。四年级的小胖已经是一个名副其实的"小胖墩"了,走路也显得很笨重,一会儿就大汗淋漓、气喘吁吁,更不要说上体育课、跑步了。小胖害怕做操,害怕跑步,害怕体育课的所有项目。因此,每次体育考试他都是全班铁定的最后一名。

· 智慧解码

小胖从小营养很丰富,可是上体育课还是不及格,还变成了一个小胖墩,这其实是因为小胖的家人太疼爱他,想让小胖吃得好,却没有考虑到孩子的健康饮食问题。

| 第二单元　问题篇

　　三好学生不仅是要学习好、品德好，还要身体好。一方面，小胖从小对饮食和营养没有节制地摄取，奉行"能吃多少吃多少"，长期摄入高脂肪和高糖的食物；另一方面，小胖没有参加适当的运动和锻炼，因此长了许多不必要的脂肪。"胖子不爱运动，不爱运动就变得更胖"，就这样不断恶性循环。所以小胖虽然成绩比较好，但仍然未达到"三好学生"的标准。究其原因，和家长缺乏正确的营养观和健康观是分不开的。

　　孩子一般都凭自己的喜好吃东西，同时在长身体的时候难免会少于节制，因此家长就更是不能马虎。长得胖、长得壮并不等于健康和营养，过多地摄入一种或一类营养，会出现营养不均衡，造成肥胖。肥胖对儿童心血管、呼吸功能以及内分泌、新陈代谢都会产生不好的影响。可不少家长对"什么是健康"和"怎样才健康"的认识还存在很大的不足和片面性，认为只要让孩子吃够了、吃好了就是健康了，实际上孩子却并不健康。当然，要有健康的身体，除了适当均衡的营养外，还需要适当的运动。

· 教育三分钟

　　饮食的合理营养包括4个方面：①膳食中含有机体所需要的一些营养素的热量；②摄入的食物要满足身心需要，食物易消化，并促进食欲；③食物中不含对机体有害的物质；④要按时、有规律地摄入食物。家长如何通过饮食合理营养来保证孩子的健康呢？

1. 树立正确的营养观念

家长要摒弃"吃肉就是吃得好""吃得好就等于有营养"的错误观念。所谓"过犹不及",任何事物摄入过多都会影响健康,各种营养素要合理搭配,才能真正促进孩子的健康成长。当然,并不是价格越高的食物就越有营养。补充营养最好的方式是从一日三餐中吸取,而不是靠服用所谓的"高档营养品"。有些营养补品不仅没有很高的营养价值,甚至还含有不利于孩子成长的激素。

2. 注意膳食平衡

孩子的平衡膳食基本上包括六大类,分别是:谷类食品、动物类食品、豆类及豆制品、蔬菜和水果、烹调油类和调味品。这几大类食品在一日膳食中要搭配得当,才能保证营养合理。

平衡膳食特别强调多样化,粗粮细作、细粮巧作、变换花样,这样的膳食才称得上是合理营养。另外,由于主食中所含的碳水化合物会转化为糖分,可以供给大脑发育的需要。因此,"小胖墩"最好从减少脂肪类食物的摄入量入手。

3. 定时、定量

孩子的膳食还要定时定量。早上七点到八点是最佳的早餐时间,午餐最佳时间是十二点到一点,晚餐可以在下午五点到七点之间。一般要求是早餐吃饱,午餐吃好,晚餐适量。一般来说,孩子每天的早餐应该要有鸡蛋、牛奶(或豆浆)以及馒头(或面包、粥等),以保证上午能精力充沛地完成学习任务。早餐随便对付或干脆不吃早餐对孩子的健康是非常不利的。

吃午餐的时间是人体所剩能量的最低点，所以一定要及时进食，可以选择高热量的食物，主食如米饭、馒头、玉米面等，副食要增加一些富含蛋白质和脂肪的食物，如鱼类、肉类、蛋类、豆制品等，以及新鲜蔬菜，使体内血糖继续维持在高水平，以保证下午的学习。晚餐要少吃，且以清淡、容易消化为原则。如果晚餐吃得过多，并且吃进大量含蛋白质和脂肪的食物，不容易消化，就会影响孩子的睡眠，还会导致肥胖。

4. 控制零食，加强运动

对于已习惯吃零食的孩子，可将其常吃的糖果、巧克力、口香糖、汽水、蜜饯等高糖、高热量的点心、零食更换成纯牛奶、酸奶、水果等低脂高纤维类食品，同时减少其饮料的摄入量。口渴时尽量选择白开水，因为白开水才是人体最健康、最经济的水分来源。还要加强运动，多爬爬楼梯、跑跑步、打打球，家长也可以带孩子去游泳，多参加户外活动。

5. 矫正孩子的饮食问题

对于有偏食、厌食、贪食等饮食问题的孩子，绝不能采取放任的态度，要及早进行矫正。可以把花样翻新，诱导食欲，给儿童吃的食物，要注意新鲜和品种多样化，不仅有蛋类、肉类，还应有各种蔬菜瓜果。实践证明，饭菜多样化、艺术化、色香味俱全是刺激儿童食欲的好方法。对于贪食的孩子，家长应该重点培养孩子的自控力，帮助孩子养成一日三餐、营养均衡的饮食习惯，避免在两餐之间吃零食或高脂、高糖的食物，多吃促进消化的高纤维食品。

· 家长自画像

在孩子的饮食健康上，各位家长们都是怎么做的呢？请讲述一下自己的观念与方法，并请根据案例与分析，对自己的饮食安排进行评价和反思。

1. 教育评价（请为自己的表现打星，最满意请涂满五颗星）

我对孩子的了解☆☆☆☆☆

我与孩子的交流☆☆☆☆☆

问题的处理效果☆☆☆☆☆

家长自我总评分☆☆☆☆☆

2. 教育反思

_____

_____

_____

· 亲子总动员

设计一个营养食谱

孩子的饮食都是家长在管理，许多父母都忽视了孩子的饮食健康，只管孩子是不是觉得好吃、是不是爱吃，没有考虑到合理的营养搭配，请你为孩子设计一个营养食谱。

营养食谱	吃饭时间（几点到几点）	食　物
早　餐		
午　餐		
晚　餐		

- 成长格言

　　节制和劳动是人类的两个真正医生。

　　　　　　　　　　　　　　——（法）卢梭

第二节 自我与品德

孩子总是很爱慕虚荣

· 教育小剧场

新学期开始前,小林的妈妈正着手帮他整理东西,买了新铅笔、橡皮和新的作业本。当她拿过他的书包要刷洗时,小林却把书包扔到一边说:"不要洗了,扔掉算了,再给我买个新书包。"新学期买个新书包很正常,可是这个书包是上学期才买的,只是底部有一点点磨损,完全可以用。于是妈妈便对他说:"这学期就不用买书包了,这个还很好。"小林却不肯:"为什么不买呀,谁新学期还背个破书包去上学呀?"

紧接着,小林还缠着妈妈再要一双"打勾"的鞋子,说班里的某某和某某都穿名牌。他又滔滔不绝地提了许多要求,比如:"我的书桌太旧了,抽屉也坏了,都该换个新的啦。"不管妈妈怎么劝,小林都非要换名牌、换好的,甚至还拿"需要一个好的学习环境"来作为自己的理由,妈妈十分无奈。

·智慧解码

有了名牌的东西,同学们往往觉得很有面子,因为它可以满足一个人的虚荣心。但其实,名牌并没有那么重要。一个人是不是被人喜欢,在于他自身的魅力而不在于是否使用名牌。

孩子形成一味追求名牌的心态,可能是有以下几方面原因。

1. 对名牌盲目崇拜

有些孩子认为只要是名牌的东西就是好的,一味盲目地崇拜名牌。

2. 虚荣心在作怪

谁都希望自己成为关注的中心,要成为众人的焦点,当然是要穿着时尚。于是孩子就刻意追求名牌,以获得同伴的认同。这其实是虚荣心在作怪,名牌并不是必需的,孩子却过分地追求它。

·教育三分钟

家长要如何帮助孩子调整盲目追求名牌的虚荣心态呢?也许下面这些方法有用。

1. 帮助孩子走出名牌误区

家长们首先要让孩子认识清楚名牌并不是我们生活之必需,也并不是只有名牌才是好的。不是名牌的东西也有好的,很多东西不是名牌同样对我们很实用,能够给我们带来好处。因此,我们不能盲目追求名牌,应该追求好的品质,能提高我们的生活学习质量的东西。

2. 改变孩子的虚荣心态

家长要告诉孩子,虚荣或者炫耀不能带来成长的快乐,它们只会让孩子成为只会追求表面华丽而没有丰富的内涵的人。拥有名牌也不会带来崇拜,也许能够让人羡慕,但却不能证明能力很强。

3. 让孩子建立朴素美的审美观

家长要告诉孩子,他现在的身份是学生,一个人的穿着打扮和言行举止一样要符合自己的身份,在外表上不需要追求名牌来标新立异,这样会让他更有亲和力,同学们也会更愿意亲近他,朴实无华的外表有时更能够为个人魅力加分。让孩子树立"朴素美"的审美观,时刻感受身边的"美",认识到外表奇异并不是美的真正表现。

4. 不让孩子受其他同学的影响

很多时候,孩子追求名牌是受了同伴的影响,看见其他人都用了,担心自己如果不用会被他们瞧不起。这个时候家长要及时发现,并且告诉孩子,说不定同伴们也是被影响了,可以主动站出来带领大家不要一味追求名牌。

· 家长自画像

当孩子爱慕虚荣,一味追求名牌时,各位家长们都是怎么处理的呢?请讲述一下自己的方法,并请根据案例与分析,对自己的教育方法进行评价和反思。

1. 教育评价（请为自己的表现打星，最满意请涂满五颗星）

我对孩子的了解 ☆☆☆☆☆

我与孩子的交流 ☆☆☆☆☆

问题的处理效果 ☆☆☆☆☆

家长自我总评分 ☆☆☆☆☆

2. 教育反思

_____

_____

_____

· 亲子总动员

你有几颗星？

案例中，小林说要有一个好的学习环境，让妈妈给自己买名牌。其实，一个好的学习环境并不是指物质条件，而是包括了家庭学习环境、学习活动等方面。下面是家庭学习环境的星级要求，来看看你的家庭属于几星级吧！

一星级

1. 有读书角，有写字桌、书架（橱）。

2. 有孩子喜欢的学习氛围，孩子每天在读书角看书做作业。

3. 家长、孩子阅读的报刊至少一份。

4. 有藏书 10 本以上。

5. 家长、孩子每周至少学习交流一次，有记录。

6. 家长、孩子每月搞一次家庭活动，写出体验和感悟。

7. 家庭成员之间在各方面有沟通、有交流。

二星级

1. 有读书角，有写字桌、书架（橱），有名人名言等美化环境的布置。

2. 有较好的学习氛围，孩子每天在读书角认真看书做作业。

3. 家长、孩子阅读的报刊至少两份。

4. 有藏书20本以上，家长、孩子每月阅读一本有益的课外读物，有读书记录。

5. 家长、孩子每周至少学习交流两次，有记录。

6. 家长、孩子每月搞一次家庭活动，写出体验和感悟。

7. 家庭成员之间关系融洽，相互关心体贴，相互促进提高。

三星级

1. 读书角比较有特色。

2. 有一个全家共同学习的良好氛围，家长、孩子一起读书、看报、学习。

3. 家长、孩子阅读的报刊至少两份。

4. 有藏书30本以上，家长、孩子每月阅读一本有益的课外读物，有读书记录并写出读后感。

5. 家长、孩子每周至少学习交流两次，结合社会热点讨论，有记录。

6. 家长、孩子每月搞一次家庭活动，写出体验和感悟。

7. 家长、孩子每月参加一次社区活动，自己设计活动，与居委会（村委会）取得联系，居委会（村委会）有记录。

8. 初步形成"好学创佳绩，和谐共发展"的家风。

· **成长格言**

虚荣是一件无聊的骗人的东西；得到它的人，未必有什么功德，失去它的人，也未必有什么过失。

——（英）莎士比亚

孩子走不出失败阴影

·教育小剧场

学校的数学竞赛成绩公布了,雪梅垂头丧气地走回家。妈妈迎着雪梅问:"怎么样,成绩出来了吗?"雪梅听了,眼泪便流了下来,妈妈明白了,看着大半天呆坐着落泪的雪梅。

妈妈走到她身边拍了拍肩膀,对她说:"谋事在人,成事在天,只要努力就不会后悔。"雪梅泪眼蒙眬地看着母亲,考前母亲是多么希望她能拿到好成绩,自己刚刚还害怕被母亲打一顿,怎么会这么一百八十度的大转变?

母亲用坚定的眼神专注地看着她,告诉雪梅:"失败并不可怕。人生不可能事事都顺心,也不可能万事都能达到目标。只要努力过,就没有什么可遗憾的。在挫折坎坷面前,不要总把心情定格在一次失败上,因为这样便会失去更精彩的风景。人生就是一次旅程,看重的不是终点站,而是沿途的风景。"

·智慧解码

孩子遇到挫折、失败后,总是无法忘记,停留在失败的阴影中,这种情况的产生有多种原因。

1. 孩子对失败的认识不够客观全面

孩子过于看重结果，不懂得享受过程，错误地认为失败就没有了任何收获与价值，认为一次失败就是全盘皆错、就是"整个人生都失败了"，进而错误地否定自己。

2. 孩子过度自尊和敏感

这类孩子特别要面子，过于在意别人的评价与反馈，活在"别人的眼光"中；所以，他们会尤其害怕失败，其实是害怕失败会带来别人，比如父母、老师、同学、亲戚朋友等的批评与否定。

3. 孩子经验与能力不够，进而缺乏勇气

除了心态上的原因，对孩子而言，很多时候失败确实是因为自身年龄的关系，导致经验与能力不够，对事情没有把握，进而缺乏信心与勇气。

· **教育三分钟**

人生的每一次付出，不一定都能达到预期的目标，但没有努力就肯定没有收获，失败的经历是走向成功的基石，一时的失败不能代表永远的失败。当孩子遇到挫折无法走出时，父母应尽快地将孩子从悲观情绪中带出来，使其振作起来，怀揣希望，重新将精力投入到学习和生活中。

1. 引导孩子建立正向思维

家长要帮助孩子学会看到事情好的一面，比如"正因为摔了一跤，我们才会下次努力不再摔跤，失败让我们有机会去反思和成长，收获宝贵的经验和教训""这次失败了,并不代表我们就是个'失败的孩子',只是因为我们练习的次数还不够多而已,只要努力,总有一天我们会做得更好。"

在孩子碰到挫折时,家长千万不要一上来就责备:"怎么这点小事都做不好?"可以启发孩子正向思考:"这次虽然不是太理想,但我相信你已经很努力了。你有没有学到什么有用的经验呢?"

这样一来,孩子就会逐步养成正向思维的习惯,碰到问题懂得先去思考正面的意义和价值,从而避免了负面情绪的干扰,有勇气从挫折中走出来。父母应常常用正向思维来影响和启发孩子对事物的看法,同时给予孩子更多积极情绪与能量的传递。

2. 引导孩子活出自我

当孩子遇到挫折和失败时,家长首先要做的是接纳孩子的失败、接纳孩子因为失败而引起的任何反应,不要过多评价和议论失败本身,尤其不要给孩子贴负面标签,诸如指责其"胆小""输不起"之类,让他感觉到失败其实并没有让大家对他因此而产生任何负面想法,大家并没有把他的所谓"失败"放在心里。

其次,让孩子明白失败是很正常的事情,每个人都会有失败的时候,不光是孩子,大人也不例外。你可以给他讲讲他身边一些同龄人失败的经历,甚至可以讲讲你当年失败的"糗事",告诉他其实爸爸妈妈很理解他。

最后,家长必须经常引导孩子在实践中看到自己的优点,无论是外在还是内在,并适时加以鼓励。这样一来,孩子逐步就会明白,别人的眼光和评价其实并没那么重要，我们不完美，但我们仍是世界上独一无二的自己。

3. 鼓励并帮助孩子找到解决问题的办法

看到孩子遇到问题和挫折止步甚至退缩时，要想孩子积极面对，光靠简单的鼓励诸如"不怕，你一定可以的！"这类话语是远远不够的，父母应该给予孩子适当的指导和帮助，帮助他克服心中的恐惧和担心。

要提醒家长的是，挫折教育千万不要"矫枉过正"。有些父母甚至会特意给孩子制造一些"挫折"来磨炼孩子，但事实上，孩子的抗挫折能力根本不需要刻意而为之。对于孩子而言，从出生到长大，本身就是一个充满挑战和挫折的过程。家长只需要帮助孩子处理好他生命中的每一次或大或小的挑战与挫折，小到一次喝奶、一次摔跤、一次打针，大到一次批评、一次考试失利、一次比赛淘汰等，让孩子从中学到经验，获得力量，就已经足够了。

·家长自画像

面对孩子无法走出失败阴影的情况，各位家长们都是怎么处理的呢？请讲述一下自己的方法，并请根据案例与分析，对自己的教育方法进行评价和反思。

1. 教育评价（请为自己的表现打星，最满意请涂满五颗星）

我对孩子的了解☆☆☆☆☆

我与孩子的交流☆☆☆☆☆

问题的处理效果☆☆☆☆☆

家长自我总评分☆☆☆☆☆

2. 教育反思

_____

_____

_____

·亲子总动员

半杯水测试

尝试让孩子做一个选择：当杯子里有半杯水时，你是怎么想的？

A. 哦！还有整整半杯水！

B. 哦！杯子里只剩下半杯水了！

分析：选择A的孩子属于乐观型（眼睛里看到的是水的部分）；选择B的孩子属于悲观型（眼睛里看到的是没有水的部分）。当孩子的心态比较悲观时，就容易走不出挫折和失败，想办法帮助孩子调整心态吧！

·成长格言

人要学会走路，也要学会摔跤。而且只有经过摔跤，才能学会走路。

——（德）马克思

孩子犯了错不敢承认

· **教育小剧场**

周末的一天，莉莉的妈妈准备拿出织了一半的毛衣继续织，可是当她找到织了一半的毛衣后，顿时呆住了。原来，毛衣针已经被抽掉两根，而且织好了的部分也因为毛衣针的抽走而脱线了。妈妈想了想，就想到肯定是女儿莉莉干的。

妈妈把莉莉叫过来问："莉莉，毛衣针是你抽掉的吗？"

莉莉看到被妈妈发现了，虽然心虚，但是还是不敢承认，她战战兢兢地说："我不知道。"

妈妈没有生气，而是继续保持平静地说："是你弄的也没关系，妈妈不说你，只是想知道是谁把毛衣弄坏的。"

莉莉低下头说："是我弄坏的，我那天觉得织毛衣很有趣，就拿过来看了，结果不小心……就把毛衣针给抽掉了。可是，我不知道该怎么办才能恢复原来的样子，所以就放在那儿了。"

妈妈点点头，说："承认了就是好孩子，弄坏了东西没关系，妈妈不怪你。不过，如果你感兴趣，不妨考虑一下，自己学着织一点简单的东西。"

听了妈妈的话，莉莉别提有多高兴了，她连忙让妈妈教自己怎么织东西。

妈妈趁热打铁，对莉莉说："宝贝，你把毛衣针抽掉了没关系，但是如果你哪天把水管弄坏了，流了很多水，你怎么办？如果你点了火，家里有东西烧着了，你怎么办？所以，犯了错误首先要告诉爸爸妈妈，我们会帮你解决，如果你自己能解决呢，那就最好了。"

莉莉点点头说："妈妈，我知道了，如果我以后犯了错，我一定先告诉你。"

· **智慧解码**

莉莉的妈妈做得很好，她没有指责孩子，而是循循善诱地引导孩子承认错误，并认识到不告诉妈妈事实的危害。试想，如果莉莉的妈妈对孩子严厉呵斥，会得到怎样的结果？

事实上，在孩子漫长的成长过程中，不犯错是不可能的。如果让孩子体会到父母对于犯错的"厌恶"，那么当他一旦犯错，心里就会产生恐惧感，脑子里闪出的第一个念头就是："完了，妈妈知道了怎么办？她会打烂我的屁股的。"所以说，不允许孩子犯错，往往会给孩子造成一定的负面影响。

父母不应该对孩子的过错横加指责，而要尽量把孩子的错误当成学习的过程。父母要允许孩子犯错误和改正错误，帮助孩子分析造成错误的原因，避免以后再犯类似的错误。

· **教育三分钟**

从古至今，社会的进步都遵循着"犯错——学习——尝试——纠正"的一个规律。正是通过不断的循环,人类才得以成长,世界才得以进步。而孩子的成长过程又何尝不是如此?

每个孩子都免不了会犯这样那样的错误,而孩子正是在不断犯错误、不断纠正错误的过程中成长起来的。所以说,重要的问题不在于孩子是否犯错误,而在于父母采取何种态度让孩子认识并纠正错误。父母要善于在孩子的错误中寻找其优点,用赏识的态度去教育孩子纠正错误,比严厉的批评和打骂更有效果。

当孩子犯了错误,父母要了解清楚事情的起因和经过,发现孩子在错误中显露出来的优点时,可以加以鼓励,比如:"虽然你做错了,但是你表现得很勇敢。只要改正错误,你仍旧是个好孩子!"

另外,父母必须对孩子敢于承认错误的行为给予赏识。如果孩子已经认识到并承认了自己的错误,父母就不应该抓住不放,而应该鼓励和肯定孩子敢于认错的勇气,帮助孩子改正错误、吸取教训。

· **家长自画像**

面对孩子犯了错误不愿承认的情况,各位家长们都是怎么处理的呢?请讲述一下自己的方法,并请根据案例与分析,对自己的教育方法进行评价和反思。

1. 教育评价(请为自己的表现打星,最满意请涂满五颗星)

我对孩子的了解 ☆☆☆☆☆

我与孩子的交流 ☆☆☆☆☆

问题的处理效果 ☆☆☆☆☆

家长自我总评分☆☆☆☆☆

2. 教育反思

_____

_____

_____

· 亲子总动员

给孩子讲故事

请你给孩子讲一个伟人知错能改的故事，为孩子树立一个榜样，让孩子体会到犯错并不可怕，只要能够改正错误，同样可以成为一个优秀的人。

· 成长格言

最好的好人，都是犯过错误的过来人；一个人往往因为有一点小小的缺点，将来会变得更好。

——（英）莎士比亚

第三节　沟通与交往

孩子被冷落变得孤僻

· **教育小剧场**

佳佳每每想起小时候，心里就隐隐作痛。从小佳佳就被妈妈留在奶奶家，妈妈经常走，但一开始，每次走都会很快回来，有时一天，有时两天。直到有一天，妈妈说明天回来，但是，第二天妈妈没有回来，第三天，第四天……每到晚上，佳佳就会在院门口的台阶上坐着等妈妈。此后，她不高兴的时候，就会坐在大门外不想回去，挨了批评也躲在大门外。她总是在等妈妈，为此奶奶也很生气，凶巴巴地说她几句就照顾其他孩子去了。有时候，天很黑了，奶奶才想起她，把她拉回家。在佳佳的记忆里，只有那门洞、那台阶和一个流着泪水的自己。

佳佳上小学才回到了妈妈身边，她总是想问妈妈"为什么你不带我一起？"妈妈解释了很多次，佳佳仍旧想问为什么。她除了学习，不知道自己做什么好。她爱妈妈，又觉得不爱，她什么道理都明白，可依然忍不住想："妈妈爱我，为什么不回来看我？为什么？"

如今佳佳已经上四年级了,她沉默寡言,除了学习好,班级其他什么事情都不愿意管,被选上班干部她也会婉言谢绝,上学来,放学走,回避所有的事情。

·智慧解码

现在很多家长外出打工,把孩子留在了家里;有的家长工作繁忙,没有时间照顾孩子;有的家长图省事,把孩子送进全托寄宿制幼儿园或者小学;有的家长离婚了,谁也不管孩子……

上学前的孩子是十分依赖家长的,这期间离开家长,对孩子的心灵是严峻的考验,会让他产生不安全感。如果身边有一个能代替妈妈或者爸爸的人爱他、保护他,孩子就会马上投入这个人的怀抱,亲近他、依赖他,接受这个人的保护。如果没有这样一个人,孩子就会觉得被冷落,没有安全感,容易孤独、哀伤、焦虑,长时间得不到安慰心里会痛苦,会变得越来越孤僻。案例中的佳佳就是被家长冷落导致了性格孤僻。

·教育三分钟

家长如何避免发生这样的事情,如何让孩子从孤僻中走出来呢?

1. 提前为离别做好铺垫

家长应避免让孩子陷入孤单的环境之中,让孩子留在家长身边是最好的方法,但很多时候事与愿违,家长不能够完全做到,那就要确保把孩子放在爱他的人那里。要避免新环境还有很多其他人,不要自己的孩子像被放在羊群里那样得不到个性化照顾，以免孩子产生被冷落感。

家长要为孩子离开自己做必要准备，要给孩子两个月到半年的时间，调整现在的生活状态，尽量向以后的生活环境和氛围靠拢。如果是把孩子放在老人那里，首先要让孩子与老人建立感情，然后是根据老人活动不便的特点，减少孩子长时间外出的习惯。同时，老人往往比较勤劳节省，要改变孩子大手大脚的花钱习惯。这些调整可以减少孩子离开家长的失落感。

家长离开孩子的时候，不要欺骗孩子，最好对孩子实话实说，告诉他父母会离开多长时间、到什么地方去、做什么事情，让孩子更多地了解家长的去向，给孩子一些想象的空间，让孩子充满希望，孩子在想爸爸妈妈的时候，也会很快乐，告诉孩子："爸爸妈妈爱你，我们会回来，会给你美好的明天。"

家长离开后，要多与孩子通电话或者写信，告诉孩子自己在外面的状况，让孩子放心。询问孩子有什么需要，鼓励孩子说出心里话，以便家长帮助孩子，或者开导孩子。总之，尽量让孩子理解家长不得不暂时离开他的做法，不心存积怨，这样孩子的心理才会健康，不会变得孤僻。

2. 帮孩子寻求同学的帮助

独生子女的特殊性使得很多孩子很重友情，孩子会很在意朋友间的冷落。更重要的是，孩子们在团体中相互关联，某一个缺点不被接受，就会使大家都冷落他，孩子心理受到的伤害可想而知。

其实，孩子们都充满了爱心，愿意帮助别人，家长和老师只要掌握孩子的心思，就可以帮助他在学校和同学相处好，让孩子变得快乐起来。

3. 不能长时间冷落孩子

许多家长对孩子不满意，恨铁不成钢，于是用冷漠、放弃等行为惩罚孩子。他们说："我没有你这个孩子，你随便吧，我不管你了……"不管多大的孩子，听到这样的话都会感到被冷落。

孩子的能力有限，没有办法为自己争辩，也没有能力做到让家长满意，心里有话无处说，只有郁闷在心里。于是孩子在家里表现得沉默寡言，不努力、不参与、不求助，宁可在自己的房间看天花板，也不和家长说话，这一切都是孩子对家长冷漠的报复。长此以往，一些孩子心中积蓄的是烦闷，而不是家长期望的斗志。所以，家长冷落孩子往往得不到自己想要的结果，还会让孩子形成孤僻的性格。

家长对孩子要有实事求是的期望值。看到孩子的不足，要努力帮助孩子改正，督促、鼓励他做得更好。或许对有一些孩子，冷落他一段时间，他会清醒很多，但绝不能长时间冷落孩子，否则孩子会不信任家长、丧失信心、心灵扭曲，性格走向孤僻。

· **家长自画像**

面对孩子因为被冷落而变得孤僻的情况，各位家长们都是怎么处理的呢？请讲述一下自己的方法，并请根据案例与分析，对自己的教育方法进行评价和反思。

1. 教育评价（请为自己的表现打星，最满意请涂满五颗星）

我对孩子的了解☆☆☆☆☆

我与孩子的交流☆☆☆☆☆

问题的处理效果☆☆☆☆☆

家长自我总评分☆☆☆☆☆

2. 教育反思

_____

_____

_____

·亲子总动员

课余活动计划表

请你和孩子一起制定一个课余活动计划表，在闲暇时间陪伴孩子一起进行亲子活动，丰富孩子的生活，打开孩子的心扉。

课余活动	时　　间	活动感受
例：参观博物馆	周六（或具体日期）	博物馆非常有趣，孩子不仅拓宽了知识面，还认识了新的朋友。

·成长格言

亲情是成长的摇篮,在她的抚育下,你才能安康成长;亲情是力道的源泉,在她的浇灌下,你才能强健成长。

孩子被伤害变得叛逆

·教育小剧场

小军原本是一个很乖的孩子,可是不知道从什么时候开始,变得非常叛逆,无论父母说什么他都要和父母顶嘴。慢慢地,小军经常因为一些小事受到母亲的谩骂和父亲的打骂。一次,小军由于打架被学校勒令退学,在父母的再三恳求下才保留了学籍。小军的父亲气愤难平,把小军狠狠地打了一顿,这让小军非常恼怒,于是偷了家里的钱离家出走。

·智慧解码

小军到了叛逆期,有了自己的一些想法,于是不再对父母言听计从了,有些时候还会顶嘴。小军其实是希望父母能够稍微地理解一下他,而不是武断地觉得他的顶嘴是大逆不道的。小军希望自己的理论招来的是理解而不是打骂。

孩子在成长过程中有叛逆心理是客观存在的,但我们可以把这种叛逆心理减少到最低程度,关键要看家长如何对待。小军的父母对待叛逆就是"全面打击",非打即骂,想强硬地把那股"邪劲"压下去,而不是与孩子进行交流和沟通。渐渐地,小军与父母之间那扇交流的大门便紧紧地关上了。

·教育三分钟

面对孩子的叛逆，家长经常会束手无策。如何预防并应对孩子的叛逆呢？一起来看看下面这些方法吧。

1. 忍一忍，避免激烈的正面冲突

叛逆期是青少年成长的一个特殊阶段，孩子的独立意识和自我意识增强，迫切希望得到承认和尊重，看待问题比较片面和极端，因此常常会表现出情绪激动和大发雷霆。这并不代表孩子变坏了或是"造反"了。

父母面对这样的情形时要保持冷静，对孩子的态度和行为表示理解和宽容，避免与孩子的正面冲突而激化矛盾。应该等到孩子冷静后，采用"柔软"的方法共同协商解决。

2. 听一听，让孩子倾诉

家长应改变传统居高临下的权威地位，与孩子建立一种平等亲密的关系。和孩子有关的事情都要倾听孩子的见解和看法，肯定孩子是家庭中的一员。如果意见相悖，也要讲清理由，让孩子心甘情愿地接受。

家长要相信孩子有独立处理事情的能力，在不违反原则的前提下，尽可能地支持孩子。成功了，给予表扬和奖励；失败了，予以理解和安慰。

另外，家长也要以身作则，言必信，行必果。不放任自流，应以理服人，让孩子知晓是非对错，让孩子觉得你是值得尊敬的，于是心服口服。

对于孩子的对立情绪和心理需要,家长应该在理解和尊重孩子自尊心的同时,注意教育方式。多些鼓励,少些批评;多些赞美,少些训斥;多些感情投入,少些简单粗暴。

3. 说一说,激发孩子的真善美

叛逆期的孩子虽然表现出非常的强硬态度,但内心往往是极为敏感脆弱的。这种内外不一的矛盾心理也是叛逆期孩子情绪波动的主要原因。由于孩子看待问题简单片面、单纯耿直,辨别是非的能力有限,因此家长需要通过耐心的疏导以帮助孩子看清事实,明白道理。

家长要善于捕捉有利时机,看到孩子内心最善良、最美好的一面,并以此为切入点,帮孩子把真实想法说出来,告诉他你是理解他的,这样才能打动孩子的情感,引起情感共鸣,最终晓之以理、动之以情,让孩子的心灵如沐阳光。

4. 走一走,让孩子广博见闻

逆反心理是一种狭隘、偏激、扭曲、非理性的表现。所以,家长应该引导孩子多读书、多思考、多实践、多观察,拓宽自己的见闻,丰富自己的思想。随着知识的增加、阅历的丰富,孩子自然就会对自己的言行进行理性的思考,逆反心理便会自行消失了。

总之,作为家长,不要因为孩子不听话就过多地责怪孩子或者冷淡孩子,应该多给予孩子理解和关心,多与孩子沟通,帮助孩子平稳地度过叛逆期。

·家长自画像

面对孩子叛逆的问题时,各位家长们都是怎么处理的呢?请讲述一下自己的方法,并请根据案例与分析,对自己的教育方法进行评价和反思。

1. 教育评价(请为自己的表现打星,最满意请涂满五颗星)

我对孩子的了解 ☆☆☆☆☆

我与孩子的交流 ☆☆☆☆☆

问题的处理效果 ☆☆☆☆☆

家长自我总评分 ☆☆☆☆☆

2. 教育反思

_____

_____

_____

·亲子总动员

爱的表达

许多孩子会变得叛逆是因为他们认为父母不爱自己,对父母心中有怨。作为父母,我们要经常向孩子表达自己的爱。来做一做下面这个测试,看看你会不会对孩子表达爱吧!

1. 与孩子交谈时保持目光接触。

2. 经常会坐下来听孩子说话。

3. 当孩子表达自己的感受时,认同孩子的感受。

4. 回家时,给等待你的孩子一个拥抱。

5. 当孩子行为不当时,及时告诉孩子。

6. 当孩子高兴时,和孩子一起笑。

7. 当孩子需要时,给孩子一点空间。

8. 耐心解答孩子提出的问题。

9. 孩子能随时找得到你。

10. 出席孩子的家长会、学校组织的重要活动。

11. 当你做错时,会向孩子道歉。

12. 与孩子在一起时,把全部的精力放在孩子身上。

13. 孩子的朋友来了,会出来相见并表示你对他们的欢迎和喜爱。

14. 孩子做好一件事,会赞赏。

15. 信任孩子。

16. 让孩子有错的权利。

17. 孩子遇到困难时,能体谅孩子。

18. 给孩子选择的权利,并尊重孩子的选择。

19. 安排时间与孩子共聚。

20. 无论孩子的性格如何,欣赏他的与众不同。

21. 鼓励孩子帮助别人。

22. 让孩子参与家庭事务,并与孩子一起做出决定。

23. 鼓励孩子对自己提出建议,并采纳。

24. 告诉孩子你的期望。

25. 增强孩子帮助他人的能力，并让孩子表现真我。

以上25道题，如果你能做到20道题以上，那么你很善于表达对孩子的爱；如果在15题以下，那么你还有待提高！

> **· 成长格言**
>
> 青年人的教育是国家的基石。
>
> ——（美）富兰克林

孩子不愿和家长沟通

· **教育小剧场**

小强经常抱怨妈妈一天必然会和自己说6句话：早晨第一句说"快点儿快点儿，要不上学就迟到了。"第二句是"早餐怎么也得吃点儿，要不上午的课顶不住。"第三句是"过马路要小心，看着点车。"第四句是"到了学校你千万要努力。"第五句是"中午饭一定要多吃点，你正在长身体。"第六句是"放学回家先写作业，别着急看电视。"有时放学后妈妈也会问问小强学校里的事情，但总是为了一点小事就唠叨半天。

这样日复一日重复几乎同样的话，小强自然而然地感到厌烦。他和妈妈之间几乎没有什么交流，小强回到家就一头钻进自己的小房间不出来了。和小强妈妈的唠叨形成鲜明对比的是小强的爸爸，他的话出奇少，只有在小强做错事的时候才会听到他几声严厉的训斥。一开始爸爸批评小强的时候，小强还会和爸爸顶几句，爸爸总是不容他辩解就打断他，有时候还会招来爸爸的一顿拳脚。几次下来，小强学"乖"了，不再和爸爸顶嘴，只当是没听见，爸爸嚷够了，也就过去了。

有一天爸爸突然接到班主任来的电话，说小强已经有两天没有上学了。爸爸和妈妈明明看到小强每天早晨背着书包出的门，怎么会……后来爸爸妈妈才知道，小强的一个好朋友经常受到一群孩子欺负，小强帮着他和那些孩子狠狠地打了一架，总算帮着朋友出了口气。好朋友为了谢谢他，这两天请他去网吧玩了个够。小强的父母觉得很后怕，儿子出了这么多事，自己竟一无所知，如果这样发展下去，他们根本不敢接着往下想了。

·智慧解码

有的孩子在家里和熟人面前表现很自然，只是遇到陌生人才不能很好地交流。但是有一些孩子却恰恰相反，他们在外人面前还好，但是当面对父母的时候却不愿意多说一句话，父母很难知道他们到底在想些什么。我们发现这样孩子的父母或者很严厉，或者很沉默，总之他们的家庭里经常会是一种比较严肃沉闷的气氛，家长和孩子之间无法很好地沟通。

孩子的行为、态度、价值观受家庭的影响很大，孩子与家长之间的沟通内容直接关系着孩子的认知、行为、情感等方面的发展。所以说，创造一个和谐平等的家庭氛围，对孩子的语言表达、人际交往和社会适应能力，都是很有必要的。

·教育三分钟

如果家长不能很好地和孩子沟通，及时掌握他们的动向，后果是十分可怕的。如何才能让孩子遇到问题时愿意向最亲近的父母求助，而不是自作主张、贸然行事呢？

1. 制造全家人参与的话题

家长要经常制造全体家庭成员可以参与的话题。父母和孩子之间缺乏沟通，很多时候是因为父母的"一言堂"造成的，什么事情都由家长说了算，孩子根本没有参与的机会，久而久之，孩子就会放弃表达自己看法的努力。

所以家长要制造孩子也能参与的话题，让他们充分表达自己的想法。比如：新买的家具摆在哪里最好，周末全家去哪里玩，家庭的节日菜谱该怎么安排，对某部电视剧有什么看法，社会中的热门话题可以带来哪些启示，等等。在这些话题的谈论中，家人除了能够彼此沟通和理解外，还会令孩子感觉到自己被重视、被需要，从而强化其家庭角色意识，父母价值观的引导也能自然渗透给孩子。

2. 丰富自己的语言，扩大知识面

案例中小强妈妈的唠叨在现实生活中是比较常见的。很多时候由于家长的语言及知识面的贫乏，导致孩子不愿意跟家长交流。孩子认为家长不懂他说的话，自然转向和"懂"他们的同伴去交流了。

现在的孩子与他们家长年幼时候的成长环境完全不一样。他们自小接受大量的外界信息，知识面比较宽，有很多东西是家长小时候闻所未闻的。家长如果故步自封，仍然用原来自己受教育的模式来教育自己的孩子，必然会使孩子感觉无趣，关心往往成了厌烦的符号。

比如，层出不穷的高科技产品深刻地影响着孩子的生活环境和思维习惯。很多家长本身对电脑一窍不通，提起电脑就会"谈虎色变"，认为这是让孩子堕落的罪魁祸首，于是极力阻止孩子接触电脑。但是处在信息时代，家长不让孩子接触电脑，孩子自然会有别的渠道接受这方面的信息。家长这方面知识匮乏导致无法正确引导孩子利用网络丰富的知识资源，这对孩子健康成长本身就是一个很大的障碍。更何况孩子说什么你都不懂，这样孩子怎么还会有兴趣和家长沟通呢？

3. 家长要注意沟通技巧

家长要学会设计启发式问题，用问话的方式来和孩子沟通，尽量不要用命令和教训口吻。"问"是一种高级的交流形式，作为家长应当尊重孩子，要知道与他们交流而不是为了训导。家长以平等的、像与朋友谈话的口气来与孩子交谈，多听听孩子的想法，这样才能顺利地与孩子交流。

沟通的问题要具体。家长有一种习惯就是说话容易语重心长，但是说出的话却又特别空洞，比如"你可得努力学习"之类。这种语言在今天对孩子的教育是无效的，也是无益的，因为这些话缺乏明显的可操作性，孩子基本把握不住。比较好的方式是每次针对一个具体问题，通过和孩子平等的深层次的沟通，慢慢了解孩子真实的想法。这样比较容易调动孩子的积极性，而且能够把握住孩子思考、行动的方向。

·家长自画像

面对孩子不愿意和家长沟通的问题，各位家长们都是怎么处理的呢？请讲述一下自己的方法，并请根据案例与分析，对自己的教育方法进行评价和反思。

1. 教育评价（请为自己的表现打星，最满意请涂满五颗星）

我对孩子的了解☆☆☆☆

我与孩子的交流☆☆☆☆

问题的处理效果☆☆☆☆

家长自我总评分☆☆☆☆

2. 教育反思

_____

_____

_____

·亲子总动员

模拟沟通情景

某一天，你的孩子穿着弄脏的校服回到家，一脸不高兴，也不愿意说话，一回来就把自己关进了房间。这时，你要如何与孩子沟通，了解孩子身上发生了什么事情呢？

·成长格言

谈话的艺术是听和被听的艺术。

——（英）赫兹里特

单元小结

在本单元中,我们从3个方面讲述了孩子成长过程中的一些具体问题,帮助家长更好地引导孩子健康成长。在学习与生活上,家长要让孩子养成细心的习惯,培养孩子的自学能力,为孩子安排健康的饮食;在自我与品德上,家长要避免孩子形成爱慕虚荣的性格,要帮助孩子走出失败,要培养孩子知错就改的精神;在沟通与交往中,家长要用爱关怀孩子,让孩子打开心扉,多和家长沟通……

第三单元

提高篇

【单元导言】

　　每个家长都要面对孩子成长过程中的难题，有的家长对于孩子的问题束手无策，导致孩子的问题越来越多，而有的家长却能对症下药，很好地解决孩子的问题，让孩子成长为一个越来越好的人。在本单元，我们来看看我校的一些优秀家长是怎么说的，从这些家长的身上，学习一些教育技巧和教育良策，让每一个孩子都能健康成长！

用合适的方法进行教育

·江海好家长

小学是孩子一生学习的起始阶段，显然这个时段尤为重要，这是一个知识面从无到有，从有到逐渐扩大的一个过程。在与孩子的相处中，我体会到了一点点教育心得。

我家孩子从小养成了一些好习惯，比如早晨起床刷牙、洗脸、吃早饭的生活习惯，每天坚持写作业的学习习惯，与老师、亲戚、朋友主动打招呼的人际交往习惯等等。但也养成了另外一些坏习惯，比如写作业拖拉、写字不认真。

从奖励到惩罚，从物质鼓励到精神方面的谈话，每次都是前期有效，但是坚持的时间不长。后来我们尝试了一个方法，就是表格记录。表格拿出来的时候，我跟孩子爸爸统一口径说是老师布置的任务，孩子半信半疑地配合我们了。刚开始的一个礼拜效果很好，虽然正确率不高，但是完成速度明显快多了。

可是又过了一个礼拜，正确率和速度都下降了，孩子也开始对我们的说法产生了怀疑，她说去学校问了，其他同学没有这个任务的！于是第二天我们直接跟老师说了孩子在家做作业的问题，麻烦老师配合我们一下，老师了解情况之后当天就找孩子聊天了。有了这次谈话孩子明显进步很多，月底老师没有忘了跟孩子收回作业完成统计表，还给孩子做了完成时间和正确率的分析。

到了第二个月，孩子能自己主动记录数据，第二个月月底，她在数据连线时，看到有明显进步时开心了好多，发现休息的时间也多了好多！现在，这张表格已经成了孩子的一个习惯，每个月月底她也会拿出来跟上个月做一个比较，看看自己进步还是退步了。

孩子在读书期间，老师的作用是相当巨大的。平时我们多与老师沟通，了解孩子在学校的表现，把孩子在家中的不良表现也诉之于老师，和老师探讨如何教导孩子克服不好的习惯，使其错误能够得到及时纠正。并且这样老师也能够更全面地了解我的孩子，更有利于她从孩子的个性出发，寻找一种更适合我的孩子的教育方法。

2014级学生　侯雁婷家长

·父母充电站

世界上没有笨孩子，只要方法得当，所有孩子都是优秀的，主要看家长是否找到适合孩子的教育方法。在教育中，家长要注意以下几点。

（1）尽量给孩子好的评价，不要当孩子面罗列他的缺点和不足，把他贬得一无是处；要夸大他的优点，利用他的优点和长处去引导他，给他信心。

（2）不要对孩子期望值过高，如果孩子达不到，家长就会产生烦躁情绪，不能原谅孩子的失败，否定孩子的能力，骂孩子笨。家长要根据孩子的具体情况，给孩子制定可以达到的目标，不要跟其他孩子比较目标的高低。

（3）没有天生的笨孩子，只有缺乏自信的笨孩子。当孩子得到肯定，他的自信心被唤醒以后，会不断重复做令人满意的行为，一步一步地进步，最终成为好孩子。

（4）孩子有缺点，或是感觉孩子没有其他人聪明，都是有可能的。可他是你的孩子，家长一定不要张口就羞辱孩子，否定孩子，嫌弃自己的孩子不如人，对别人说自己孩子的不好。家长应该让孩子知道，父母是永远爱他的，孩子永远是家长的骄傲。

（5）组织家庭会议，让孩子发表自己的观点，如果孩子说错了，也不要马上否定，家长可以给出自己的建议，让孩子思考、判断对错。让孩子有被重视、尊重的感觉。

（6）跟孩子讲话要用真人实事举例子，少讲大道理；用感人的事来影响孩子，才能避免孩子反感。

（7）鼓励孩子发表自己的观点和想法，即使是异想天开，也要耐心听完，给孩子创造自信的环境，减少孩子的压抑感。

（8）根据孩子的性格特点，给孩子推荐励志方面的书籍。

· **成长格言**

　　教育不是注满一桶水,而且点燃一把火。

——叶芝

培养孩子独立自理能力

·江海好家长

在孩子的成长过程,他接收到的教育方式就是他以后的生活习惯,所以我们特别注重孩子独立自理能力的培养。

记得在刚上小学的日子里,我们家离学校还是有点距离的,每天放学都是托给一个托班机构,下班后再去接他。但托班里实在太乱了,几个星期以后,我就决定在学校附近租房。

运气很好,我找到了一套下了楼过了马路就能到学校的房子。当时孩子只有一年级,什么都不懂,为了能让他放学自己回家,我从怎么开锁教起,到怎么过马路。刚开始还是不放心,让他自己先走我跟着,渐渐地孩子就可以自己独立上学了。

孩子做作业时注意力总是不集中,不是摸摸这就是摸摸那,我就给孩子排了个时间表,让他按表进行。刚开始我会检查,每天和孩子一起找问题,直到提高效率。我们和孩子定的规则是只要完成作业后,其他时间自己安排,这样他也有自己的时间了。到三四年级,孩子作业正确率总是不满意,做完作业自己不检查。经过沟通,我和孩子达成协议，每次作业不能超过三道错题，超了就有小惩罚，比如不准看电视或玩游戏，让其养成自己检查的习惯。慢慢地，现在他的事主要靠自己，我们只要时不时抽查就可以了。

孩子成长第一步不是孩子本身，而是家长。当家长在孩子不同时期采取不同的教育方式时，孩子才能独立自主起来，如果始终不放手，对孩子来讲百害而无一益！

2014级学生　田易涵家长

·父母充电站

孩子都有想要独立的愿望，有时候不是孩子什么都不会，是家长的过分爱护，造成了孩子的不会。培养孩子独立生活能力，家长要本着"大人放手，孩子动手"的原则，先从日常生活中，培养孩子的自理能力做起。

孩子在家里，对饭是怎么做出来的不闻不问，对家务漠不关心，这就大大削弱了孩子的基本生活能力，要孩子加入到家庭生活中来对培养孩子自理能力好处很多。平时家长做饭时，可以让孩子在旁边帮忙，要孩子尝试自己动手。

当孩子学会了做饭后，家长可以给他钱，让他在双休日，安排全家人的餐桌。从购物开始，到饭菜上桌都由他说了算。这样孩子可以体验到家长每天的辛苦，感受精打细算对管家理财的重要性。通过体验管理家庭生活的支出，孩子对消费有更深的认识，对孩子学会合理支配家长给的零花钱，是非常有帮助的，也会让孩子形成理财意识。

在独立生活能力培养中,孩子参与合作能力的培养也是极为重要的。建立与人合作的团队意识,主动关心,帮助他人,这是孩子走向社会必须具备的能力。有些孩子不擅长与人合作,因为个人表达的局限性使孩子很难进入主动与人交往的状态,家长要有意识地给孩子提供与同学交往的机会,告诉孩子与人交往的诀窍是:用放大镜看别人的优点,用欣赏的眼光看待人和事。

家长对孩子要有耐心,让孩子从小事做起、循序渐进地坚持,一定会获得可喜的收获。唠叨指责孩子,不如让孩子动手做一次,这胜过父母说教十次。

培养孩子的独立生活能力,就需要家长放手,给孩子提供自我安排的时间和空间。他会用理想创造未来,用实践学会生活,脱掉父母给自己穿的保护衣,独立扬帆起航,融入社会大家庭中,找到属于自己的位置。

· 成长格言

教育的目的在于能让青年人毕生进行自我教育。

——(美)哈钦斯

教会孩子先做人后做事

·江海好家长

光阴似箭,日月如梭,一晃我的儿子已经十一岁了,他已经长成了一个小大人。对孩子的教育,我认为首先应该解决好"先做人后做事"的问题。做人与做事,其实都易,又都难,但如果人做不好,想成事,那便是难于上青天,偶有成,必不久。所以我用自己的言行默默感染孩子,要诚实守信,孝敬长辈。

记得有一次,孩子放学回来后,向奶奶吹嘘他今天在学校赚钱了。后来我才知道原来他把在家做的游戏攻略卖给了两个同学,我既表扬了他能主动与家人交流事情经过的勇气,也教育他这样的行为是不对的。这不仅违反了校规,也容易滋生功利主义的思想。这虽然是桩小事,但家长不要以为在孩子面前灌输一些大道理,孩子就会言听计从。父母应时刻注重自己的言行,用自己的实际行动感染孩子,从日常生活中的点滴小事做起,为孩子树立诚实守信的正面榜样,这样,对孩子的做人教育才会有效。

尊老爱幼是我们中华民族的优良传统。可如今,许多家庭把孩子当成了小皇帝，孩子成了家庭最受尊敬的人。我们家也是三代同堂，也遇到同样的问题，几个大人守着一个孩子，特别是长辈对孩子更加宠爱。

有一次放学的时候，儿子让他爷爷给他背书包，他觉得这是理所当然的。我告诉他："爷爷都60多岁了，而且腿脚不便，你怎么能忍心叫爷爷帮你背书包呢？你应该要做一个有爱心的人，去帮助那些有困难的人。"

总之，家庭是儿童品德成长的重要环境，在一个充满民主、爱心和责任感的家庭中，孩子的诚信品质，才能得到良好的塑造。我们还有很长的路要走，在伴随孩子不断成长的过程中，我们要不断去学习和总结经验，为培养下一代合格的人才共同努力。

2014级学生　蒋其瑞家长

·父母充电站

人格的高度往往决定着人生的高度。如果没有成熟、健全的人格，不仅不利于孩子的健康成长，还会影响孩子将来事业的成功和家庭的幸福。所以，父母应该从小教会孩子如何做人，并努力营造一个健康的家庭环境，让孩子沐浴在健康、文明、和谐、宽松的家庭气氛中，进而使孩子形成健全的人格，为孩子打造终身的幸福。

家长可以通过家规教育来塑造孩子的良好品行。家规就是家庭的行为道德规范，给孩子订立的家规涵盖生活、学习、做人等方方面面，目的就是在日常生活中规范孩子的行为，培养孩子良好的生活学习习惯和良好的道德品质，引导孩子健康成长。运用家规塑造孩子的良好品行，需要注意以下几点。

（1）让孩子理解家规的目的和意义。家长可以直接告诉孩子，家规都有哪些内容，借此机会应该对孩子进行家庭传统史的教育。

（2）家规的有效执行比家规本身更重要。无论家规定得多么好，如果不能很好地执行，便是一纸空文。因此，遇到违反家规的情况，一定要按制度办事，不能心肠太软。

（3）在实际的教育中，也可以进行渗透家规的教育，经过长期的、有目的的教育，孩子会在不知不觉中形成一种思维定式，达到由自觉遵守到有意识的自我约束的自觉行动的效果。

（4）要有针对全家人都应该遵守的家规。没有"公约"式的家规，单独针对孩子的家规就难以执行，因为孩子会觉得不公平。

> **· 成长格言**
>
> 　　道德普遍地被认为是人类的最高目的，因此也是教育的最高目的。
>
> 　　　　　　　　　　　　　　——（英）赫尔巴特

扮演教育中需要的角色

· **江海好家长**

当了10年的妈妈,在教育儿子的过程中有不少的困惑,遇到不少问题,也有不少收获。很高兴有了一个孩子,在教育孩子的过程中能和孩子一起成长!我想说说在教育中,我们家长所扮演的角色。

第一,家长应该是孩子成功的领导者。当孩子做错时,家长要注意把孩子的缺点给指出来,并让他去改正,而不是姑息纵容。家长要让孩子知道为什么错了,该怎样改正,要承担什么样的责任,但不应该和孩子赌气。

第二,家长可以成为孩子亲密的战友。在孩子遇到困难的时候,给他们一些必要的鼓励与分析。要做一个好的家长,还要成为孩子的一个很好的朋友。

第三,家长要做很好的倾听者,不需要太多的指导与教育,家长应该先安静地让孩子把他的心思讲出来。

第四,家长也是接受批评的受教育者。家长也是人,当教育方法不妥当的时候,也需要听取孩子的意见。家长要以身作则,在孩子面前做好榜样。

2014级学生　沈钱瑶家长

·父母充电站

　　尊重孩子是教育的第一要务。做到尊重孩子，首先要做到与孩子平等地交流。沟通能缩短与孩子的距离，但有效的沟通，必须建立在平等的基础上。只有与孩子平等对话，才有可能知道孩子在想什么、孩子的兴趣点在哪儿、孩子需要什么。了解孩子的心理需求，才能制定恰到好处的教育方法，才能让孩子喜欢，让孩子快乐。想要真正做到和孩子平等沟通，家长们可以采用下面这些方法。

　　1. 肯定

　　在孩子表达自己的观点和看法时，无论孩子说的是对、是错，家长要先肯定孩子的意见，不要一开口就否定孩子。孩子的认识肯定是稚嫩的，这是他的年龄和认知能力决定的，不是孩子的错，家长不能以成人的理解能力来评判孩子。孩子能表达自己的观点，就说明孩子有自己的思维、自己的主见、对问题有自己的看法，家长要鼓励孩子，肯定孩子的优点。

　　孩子在得到尊重以后，会消除对家长的戒备心理，对父母敞开自己的心扉，一吐为快。反之，孩子在说出自己的观点后，遭到家长的讽刺或嘲笑，就会关闭心灵的大门，把家长拒之门外。

　　2. 引导

　　家长在肯定孩子观点的同时，不要忘记循循善诱地引导孩子，和孩子一起讨论他的观点，拆分孩子的观点，分析观点存在的不足，还有哪些错误，可能产生什么样的后果。

在引导过程中，要悉心听取孩子的意见，让孩子把话说完。用一些具体的事例来阐述道理，说明问题，当孩子认识到问题存在的本质后，就会改变自己的观点，转而敬佩家长。

3. 对话

对话是家长和孩子最好的沟通方式，很多家长都知道这个道理，也想跟孩子好好沟通。可在沟通中控制不住自己的情绪，从开始的和风细雨转变为后来的河东狮吼，对孩子失去了耐心。用家长的威严压迫孩子，处在弱势地位的孩子，会有自尊心受到伤害的感觉，不愿跟家长交流。

· 成长格言

父亲和母亲是如同教师一样的教育者，他们不亚于教师，是富有智慧的人类创造者，因为儿子的智慧在他还未降生到人间的时候，就从父母的根上伸展出来。

——（苏联）苏霍姆林斯基

在沟通中了解孩子的心

· 江海好家长

做家长很简单，只要有了孩子你就是家长。但是做家长也不简单，每一位家长若想家庭教育成功，就必须陪伴孩子一起成长，在教育孩子的同时也不断教育自己，与孩子同学习，共进步。在陪伴孩子成长的过程中，我最大的感悟就是：父母应该和孩子一起成长。

1. 陪伴是给孩子最好的礼物

只要你花时间去陪伴孩子了，你才能真正用心去关注孩子的成长，才能在陪伴中收获教育的点点滴滴。从一年级开始，为了帮助孩子能迅速适应学校学习，建立比较好的学习习惯，我们会在孩子做作业的时候陪伴他。看孩子作业是否能按时完成，在他搞不懂的时候进行引导，并反复出相似题目到他掌握为止。同时，我们也会"请教"他课文上的题目，让他有一种回家后要做小老师的感觉，促使他在校认真听课。陪伴孩子的最终目的是为了孩子能独立、自信、快乐地学习。

2. 改变是为了让孩子专心学习

都说父母是孩子成长道路上的第一任老师，所以在孩子面前要以身作则。起初，我们在陪孩子做作业的时候，会时不时地看看电视和手机，虽然孩子坐在自己写字桌前，但是我们经常发现他要么在做小动作要么在发呆，有时还找借口喝水、上卫生间之类的事情，做作业的效率不高。

为了能让他专心学习，我们由原来的看电视、玩手机变成看书。自从有了这次的改变，孩子完成作业的速度明显提高。通过这件事让我明白了，想要要求孩子做到的，自己首先要做出榜样。因为孩子是看着大人的样子在成长的。

3. 沟通是为了了解孩子

在陪伴孩子的时候，我们也会去检查他每天的作业和单元测试中的正确率，从中发现孩子的学习薄弱点。首先和孩子沟通，了解他掌握的知识点和薄弱点，再和班级老师沟通、咨询如何提高孩子的薄弱点。根据了解的情况，有针对性地买一些课外辅导和课外阅读书籍给孩子。通过一段时间的坚持，孩子的成绩慢慢提升了，也养成了课外阅读的好习惯。只要家长能多和孩子、老师沟通，对老师给予足够的信任和理解，孩子就能有更大的进步空间。

父母是子女的首任教师，也是子女的终身教师。作为父母我们终究是想看到孩子们的笑容，想听见孩子的笑声。身为父母的我们或许还要面对许多困难，但是我始终觉得世上没有坏孩子，只有不了解孩子、不纠正孩子错误的父母。我们应该从有利于孩子的发展角度出发，营造一个和谐、宽松、愉悦的学习和生活环境，给孩子真正需要的关爱，认可孩子身上的优点，宽容孩子的缺点，使孩不断地进步。

2014级学生　倪涵宇家长

·父母充电站

教育孩子要讲究方法为了避免把事情弄得更糟，对孩子的错误要采取理智的分析和客观的判断，听孩子辩解，蹲下身子与孩子对话，在沟通中了解孩子。在和孩子沟通的过程中，家长要要注意3个方面。

1. 了解孩子的年龄特点

了解孩子年龄段的成长特点，对有效与孩子沟通非常重要。家长看着孩子长大，觉得对自己的孩子很熟悉，非常了解，事实并不是这样，因为熟悉不等于了解。

2. 发现孩子的变化

在家长眼里，不管是上小学还是以后上了高中，孩子永远都是孩子，可孩子不喜欢家长总把自己当小孩。家长要根据孩子的不同年龄，给孩子相应的权利和尊重。

3. 转变教育的观念

有些家长希望孩子只看课本，只做课内的练习册，对孩子看课外书很反感，认为是没用的闲书。上学的时候，孩子当然要把书本知识学好，但在业余时间增加阅读量也不是坏事，对孩子积累知识，开阔眼界有好处，家长应积极支持，给以肯定。

现在考试的内容，也不局限在死读书的范围上，有许多是灵活运用的试题。家长要转变要求孩子死读书的观念，给孩子读书的自由，不要随便批评孩子，应多赞美孩子，多给孩子鼓励，能增强孩子的自信心，对达成家长望子成龙的愿望有帮助。

·成长格言

推心置腹的谈话就是心灵的展示。

——（苏联）温·卡维林

单元小结

本单元中，我们选取了 5 个优秀家长案例，也从这 5 个案例中学习到了许多教育方法和技巧。作为一个好家长，要用合适的方法对孩子进行教育，要培养孩子的独立自理能力，要教会孩子做人，要明白自己在孩子成长中的角色，要多和孩子沟通，了解孩子的心……

家长必读

家长的十大错误认知

1. 孩子和异性同学关系好就是谈恋爱了。
2. 孩子成绩不好就是手机害的。
3. 成绩好的就是好孩子。
4. 不布置额外的作业孩子成绩上不去。
5. 只有学习好、上名牌大学,将来才能过上好日子。
6. 没按时回家就是出去玩了。
7. 严格要求总是对的。
8. 孩子成绩不好父母一点过错都没有。
9. 不允许孩子犯低级错误。
10. 除了学习,不能对任何东西上瘾。

图书在版编目(CIP)数据

百分爸妈 / 褚红辉，沙秀宏主编 . — 上海 ：上海社会科学院出版社，2020
 ISBN 978-7-5520-3205-5

Ⅰ. ①百… Ⅱ. ①褚… ②沙… Ⅲ. ①家庭教育 Ⅳ. ①G78

中国版本图书馆 CIP 数据核字(2020)第 109044 号

百分爸妈

主　　编：	褚红辉　沙秀宏
责任编辑：	杜颖颖
封面设计：	黄婧昉
出版发行：	上海社会科学院出版社
	上海顺昌路 622 号　邮编 200025
	电话总机 021-63315947　销售热线 021-53063735
	http://www.sassp.cn　E-mail：sassp@sassp.cn
照　　排：	南京理工出版信息技术有限公司
印　　刷：	上海天地海设计印刷有限公司
开　　本：	890 毫米×1240 毫米　1/32
印　　张：	15.5
字　　数：	305 千字
版　　次：	2020 年 11 月第 1 版　2020 年 11 月第 1 次印刷

ISBN 978-7-5520-3205-5/G·942　　　　定价：69.80 元(全五册)

版权所有　翻印必究